Larsen · Miescher
Aufrechter Nacken

Spiraldynamik®: intelligent movement

Fehlbelastung und Veranlagung sind Schlüsselfaktoren bei der Entstehung von Problemen des Bewegungssystems. Häufigste Ursachen sind nicht nur erblich bedingt, sondern in chronischer Fehlbelastung zu suchen. Diese führt zu vorzeitiger Abnutzung und Schmerzen. Sie schränken die Lebensqualität vor allem in der zweiten Lebenshälfte oft massiv ein. Kommen Sie solchen Fehlbelastungen frühzeitig auf die Spur: Spiraldynamik® ist gelebte Prävention von Kopf bis Fuß.

Das erste Spiraldynamik Med Center befindet sich an der Privatklinik Bethanien in Zürich. Die Website www.spiraldynamik.com informiert Sie über weitere Standorte, Therapieangebote und Tageskurse.

Adresse und Kontakt:
Spiraldynamik Med Center
Privatklinik Bethanien
Restelbergstraße 27
CH-8044 Zürich

Telefon +41(0)8 78 88 68 88
Telefax +41(0)8 78 88 68 89
E-Mail: zuerich@spiraldynamik.com

Bea Miescher
Bea Miescher ist Fachjournalistin und Physiopädagogin. Sie publiziert für Spiraldynamik und ist Mitbegründerin der Fuß-Schule für Kinder. Sie vermittelt Anatomie als Abenteuerreise durch den menschlichen Körper und macht sie auch für Laien erleb- und erlernbar.

Dr. med. Christian Larsen
Der Arzt und Mitbegründer der Spiraldynamik®, geboren 1956 in Basel, gründete 2000 das Spiraldynamik Med Center an der Privatklinik Bethanien. Im Medizinischen Zentrum und in der Akademie widmet er sich Patienten, Forschung und Ausbildung. Seine Bücher sind Bestseller und haben alle dasselbe Thema: Kunst und Wissenschaft menschlicher Bewegung.

Dr. med. Christian Larsen
Bea Miescher

Aufrechter Nacken

- Beschwerden einfach wegtrainieren
- Die besten Übungen aus der Spiraldynamik®

Aufrechter Nacken

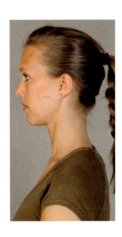

Vorwort
- Aufrechter Nacken — 7

Anwendung — 8

Aufrichtung

Einführung — 11

Anatomie
- Halswirbelsäule — 13
- Zungenbein — 13
- Halsmuskulatur — 15
- Nackenmuskulatur — 15

Diagnose
- Kopfhaltung — 17
- Beweglichkeit — 19

Probleme
- Verspannungen — 21
- Abnutzung — 23

Übungen
- Nackenöffner — 25
- Nackenkräftiger — 29
- Wasserträgerin — 33

Inhalt

Drehung

Einführung 37

Anatomie
- Kopfnicker 39
- Nackenknicker 39
- Kopfwender 41
- Nackenverdreher 41

Diagnose
- 3D-Kopfwende 43
- Stimmqualität 45

Probleme
- Stimmprobleme 47
- Schleudertrauma 49

Übungen
- Kopfachter 51
- Halskräftiger 55
- Drehkerzensitz 59

Service
- Bücher über Spiraldynamik 63
- Impressum 64

Vorwort

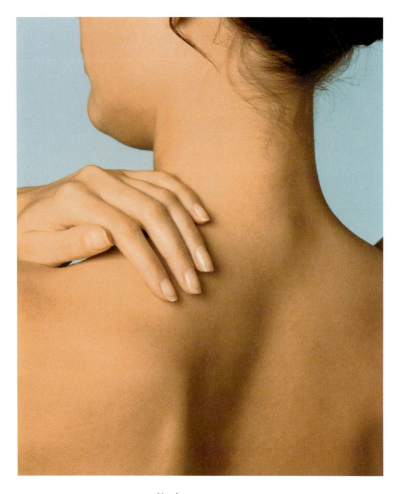

Nacken:
leistungsfähig, hoch spezialisiert und störungsanfällig – die Schlüsselverbindung zwischen Kopf und Körper.

Aufrechter Nacken – Energien fließen lassen

Der Nacken ist der Engpass des Körpers, am hochsensiblen Übergang zwischen „Steuerzentrale" Kopf und „Betriebssystem" Körper. Luft- und Speiseröhre, Wirbelsäule und Rückenmark, Arterien, Venen und die gesamte Nervenversorgung zwischen Gehirn und Körper müssen diese schmale Stelle passieren. Dazu kommen Kehlkopf mit Stimmbändern, Muskeln, Sehnen, Bandstrukturen. Der Nacken ist die eigentliche „Achillesferse" des Körpers: Staulagen, welcher Art auch immer, bleiben nie ohne Folgen. Besonders anfällig ist der Nacken für Beschwerden in Zusammenhang mit Fehlbelastungen. Entscheidender Vorteil: Fehlhaltungen sind sichtbar und vor allem korrigierbar. Ein oder noch besser zwei Spiegel genügen, um die Haltung zu prüfen. Ideal ist ein Partner, der Rückmeldung gibt.

Wer Nacken- und Kopfhaltung optimiert, schafft augenblicklich bessere Zirkulation: Sauerstoff, Blut und Nerveninformationen fließen ab sofort besser. Verspannungen lösen sich, die Stimme erhält mehr Volumen. Schlagen auch Sie der Schwerkraft ein Schnippchen, indem Sie sich diese zu Nutze machen. Grundlage ist das Verständnis für die subtile Bauweise der Schlüsselverbindung Nacken.

Anwendung

Wie Sie das Buch wirkungsvoll einsetzen

Bevor Sie sich an die Übungen wagen: Lesen Sie den Anatomie-Teil, bis Sie das Wesentliche gut verstanden haben. Stellen Sie sich, bevor Sie mit den Übungen starten, die Bewegungen innerlich vor – wie ein Skirennfahrer vor dem Start. Bewegungsführung findet im Kopf statt! Danach beginnen Sie mit den Übungen. Beginnen Sie der Reihe nach und bauen Sie sich das Programm in Ihrem Tempo auf. Später können Sie die für Sie wirkungsvollsten Übungen gezielt trainieren.

Für wen sind die Übungen gut?

Grundsätzlich für alle, mit Ausnahme von frisch Operierten, Verletzten oder wenn Sie akute Schmerzen haben. Holen Sie im Zweifelsfall ärztlichen Rat. Bei chronischen Schmerzen ist Üben dann gut, wenn die Schmerzen während oder nach den Übungen nicht zunehmen.

Vorsicht bei Bandscheibenproblemen, akuten Schmerzen, engem Spinalkanal, Durchblutungsstörungen. Achten Sie auf sanfte, knick- und ruckfreie Bewegungen. Fühlen Sie genau hin, aber ohne den Hals zu berühren!

Schmerzen

Auch hier gilt: Im Zweifelsfall den Arzt fragen: Bei richtig ausgeführten Dehnübungen macht sich leichter Zugschmerz in der Dehnposition bemerkbar: Bei gutem Gesundheitszustand darf mit dieser Grenze gespielt werden, solange das Ziehen nicht ruckartig zunimmt, sondern langsam gesteigert wird. Muskelkater am nächsten Tag ist in Ordnung. Aber Vorsicht vor zu viel Ehrgeiz. Medaillen gibt es keine zu gewinnen – nur Gesundheit!

Richtig und falsch

Oft ist der Unterschied vorerst nur schwer zu erkennen. Vergleichen Sie die Bilder mit richtig und falsch achtsam. Geben Sie sich Zeit und erproben Sie die feinen Unterschiede im eigenen Körper. Die verfeinerte Wahrnehmung ist Ihr Trainingserfolg.

Dosierung

Üben Sie grundsätzlich nach Angaben in diesem Buch während rund sechs Wochen. Danach sollten Sie merkliche Qualitätsverbesserungen in Ihrer Bewegung und Linderung von Beschwerden feststellen können. Trainieren Sie lieber wenig und präzise als verbissen nach Plan.

Wie Sie das Buch wirkungsvoll einsetzen

Was ist dreidimensionale Bewegung?

Oft ist von 3D-Bewegung die Rede: Intelligente Bewegung findet immer in allen drei Dimensionen statt. Zweidimensionale Klappbewegungen sind eingeschränkt. Lesen Sie mehr darüber im Kapitel „Anatomie".

Hilfsmittel

Spiegel: Kontrollieren Sie die Übungen in einem großen Spiegel. Ideal ist ein Spiegelschrank, in dem Sie auch Bodenübungen beobachten können.

Hocker: Sitzgelegenheit ohne Rückenlehne. Idealerweise sind Oberkörper und Oberschenkel in einem rechten Winkel, ebenso Ober- und Unterschenkel. Sitzen Sie immer stabil und sicher und auf der vorderen Hälfte der Sitzfläche, so tut es auch ein gewöhnlicher Stuhl.

Theraband: Elastische Kunststoffbänder, zu kaufen in Sportgeschäften und größeren Warenhäusern. Die verschiedenen Farben stehen für verschiedene Stärken. Praktisch und preiswert: am besten das Original-Theraband®. Lassen Sie sich beraten.

Plurimeter: Der Winkelmesser ist praktisch und präzise. Ein normaler Winkelmesser aus der Papeterie mit zwei beweglichen Schenkeln leistet fast ebenso gute Dienste. Sie können den Winkel auch abschätzen. Auf der Innenseite des Umschlags finden Sie Zentimeter- und Winkelmaß als Schätzhilfe.

Ball: Weicher, nicht zu stark aufgepumpter Gymnastikball von rund 30 Zentimetern Durchmesser. Wenig aufgeblasen, passt er sich Ihrem Körper an und fördert das 3D-Bewusstsein in der Bewegung. Die Bälle sind in Sport- und Gymnastikabteilungen in größeren Warenhäusern erhältlich.

Matte: Ideal und am bequemsten sind Gymnastikmatten. Ein Teppich oder ein Frottiertuch leistet ebenfalls gute Dienste. Achtung: Die Unterlage muss absolut rutschfest sein!

Spiraldynamik

Leisten Sie sich die Überprüfung Ihrer Übungsgewohnheit bei einer Spiraldynamik®-Fachperson: Sie kann Ihnen wertvolle Tipps für mehr Bewegungsqualität und mehr Wohlbefinden geben. Rund tausend Adressen im deutschsprachigen Raum finden Sie unter www.spiraldynamik.com

Umsicht:
Ein offener Nacken ohne Stauchungen gewährleistet Wachheit und Reaktionsfähigkeit auf innere und äußere Einflüsse: Offene Augen, mobile Gelenke, fließende Energien.

Aufrichtung

Feinabstimmung: Damit Sie wissen, wo Ihnen der Kopf steht

Die Nackenpartie ist der fragilste Teil der Wirbelsäule: Biegsam und drehfreudig navigiert die Halswirbelsäule die Denkzentrale Kopf in alle Richtungen. Gerät die Feinabstimmung aus dem Lot, wird der Nacken zum Symbol: nicht mehr wissen, wo uns der Kopf steht, die Angst, die im Nacken sitzt, zu viel Arbeit auf dem Buckel haben, etwas, das den Hals zuschnürt oder das Wasser steht bis zum Hals: Es gibt viele Ausdrücke dafür.

Auch die Körpersprache spricht Bände. Grundsätzlich unterscheiden wir vier klassische Kopfhaltungen. Erstens der Schildkröten-Typ: Der Kopf ist nach vorn verlagert. Zieht er zusätzlich in den Nacken, entsteht ein Knicknacken mit „Hängehals" wie bei einem Truthahn. Zweitens der Rückzieher: Der Kopf ist nach hinten verlagert. Der Nacken ist überstreckt, das Kinn presst zusätzlich nach hinten, die Stimme klingt gepresst. Drittens der Kompressionstyp: Der Kopf ist nach vorn verlagert, das Kinn gleichzeitig nach hinten gepresst. Viertens die harmonisch aufgerichtete Kopfhaltung: Die Linie zwischen Auge und Ohr verläuft horizontal, die Gesichtsebene vertikal, Kinn und Hals bilden einen rechten Winkel. Ein Blick in Anatomie und Diagnostik gibt Ihnen Aufschluss, wo genau Ihnen der Kopf steht.

Anatomie

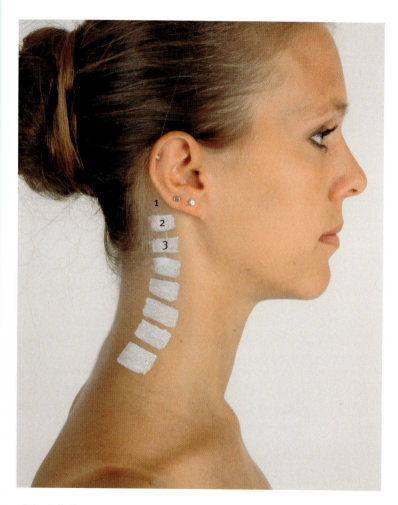

3D-Installation:
(1) Runder Abschluss der Schädelbasis. (2) Passender eierbecherförmiger oberster Halswirbel.

(3) Verzapftes zweites Wirbelgelenk. Zusammen mit der tiefen Halsmuskulatur erhält der Nacken optimale Bewegungsfreiheit mit Präzisionssteuerung.

Halswirbelsäule: Zwei Gelenke für alle Fälle

Statisch, im Sitzen oder Stehen, ruht der Kopf auf der Halswirbelsäule wie eine Kugel auf einem beweglichen Stab. In der Dynamik, im Bewegungsablauf, kann sich die Wirbelsäule in alle Richtungen beugen, drehen, strecken und sie kann sich kerzengerade aufrichten. Idealerweise verteilt sich die Bewegung gleichmäßig auf alle Wirbel. Die oberen zwei Wirbel funktionieren als Gelenkverbindung zwischen Wirbelsäule und Kopf. Dieser ruht mit seinen eiförmigen Gelenkrollen auf dem ersten Wirbelkörper, dem Atlas. Das Gelenk erlaubt kleine Nick- und Neigebewegungen in alle Richtungen sowie minimale Drehbewegungen. Darunter folgt der zweite Halswirbel, die so genannte Axis. Er hat einen knöchernen Zapfen, der präzise in den ersten Halswirbel passt: Geschaffen für Drehbewegungen nach links und nach rechts. Zusammen decken Atlas und Axis den dreidimensionalen Bewegungsspielraum der Kopfbewegungen ab.

Zungenbein: Die unabhängige Relaisstation

Der Hals gehört zu den anatomisch komplexesten Teilen des menschlichen Körpers. Eine der Schlüsselstellen ist das Zungenbein, ein frei „hängender" Knochen, von dem die wenigsten wissen, dass sie ihn überhaupt haben: Das Zungenbein ist zentrales Relais und schafft mit Muskeln die Verbindung zu Unterkiefer, Ohrbereich, Brustbein und sogar bis zum Schulterblatt hinunter. Wie eine Spinne in ihrem kunstvoll elastischen Netz hängt das Zungenbein im Zentrum des Muskelgeflechtes. Es hat keinen direkten Kontakt zu anderen Knochen, bildet also nirgendwo ein Gelenk. Direkt unter dem Zungenbein hängt der Kehlkopf mit der Luftröhre.

Anatomie

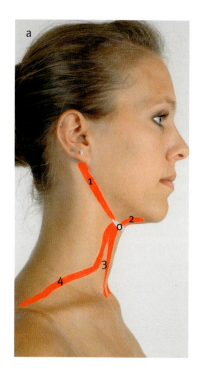
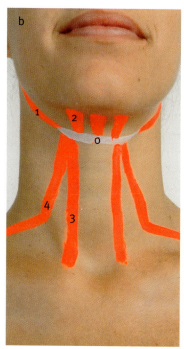

Geheime Relaisstation:
Die Zungenbeinmuskulatur hält das Zungenbein an seinem Platz. a) Ansicht seitlich, b) von vorn. Es ist ein frei hängender Knochen (0). Seine Position ist entscheidend und wird durch Muskelverbindungen in vier Richtungen definier- und veränderbar: zum Ohr (1), zum Kinn (2), zum Brustbein (3), zum Schulterblatt (4).

Halsmuskulatur:
Die Aufrichtung beginnt in der Tiefe

Die Halsmuskulatur besteht aus vier Schichten. Von außen nach innen sind es der Sternocleidomastoideus, der Muskel mit dem unaussprechlichen Namen bildet die äußerste Schicht. Er ist Kopfnicker und Kopfdreher zugleich. Damit Sie sich nicht die Zunge brechen, nennen wir diesen Muskel im Folgenden nur noch mit seinen Initialen: SCM-Muskel. Dahinter folgt die oben beschriebene Zungenbeinmuskulatur. Die dritte Schicht ist die ganze Schlundmuskulatur, die für die komplizierten Schluckbewegungen verantwortlich ist. Viertens folgt unmittelbar an der Wirbelsäule die tiefe Halsmuskulatur. Letztere stabilisiert die Halswirbelsäule und koordiniert die Feinabstimmung aller Kopfbewegungen.

Nackenmuskulatur:
Flaschenhals führt zu Verkehrsbehinderungen

In der Tiefe des Nackens sitzt schließlich eine Vielzahl kräftiger Nackenmuskeln. Sie sind schräg A- oder V-förmig angelegt und sind für Bewegungsfreiheit und Stabilität von Kopf und Nacken verantwortlich. Sie haben Teil an fast allen Bewegungen des Kopfes. Die Kombination von Nicken, Drehen und Seitbeugen des Kopfes erlaubt Bewegungen in alle Himmelsrichtungen. Diese innere Muskelschicht trägt viel Verantwortung, sowohl für die Steuerung als auch für die perfekte Nachrichtenübermittlung. Hier in der Tiefe wimmelt es von sensiblen Nervenendigungen. Wir nennen diese Schicht folgend die tiefe Nackenmuskulatur.

Aufrichtung

Diagnose

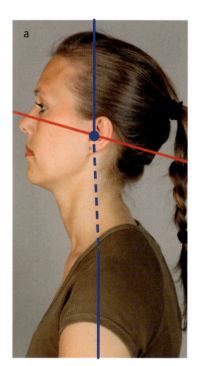
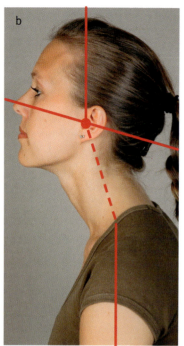

Fehlposition:
a) Der Kopf ist über dem Rumpf, aber der Nacken ist verkürzt. Die Auge-Ohr-Linie verläuft schräg. b) Zusätzlich ist hier der Kopf vorgeschoben. Der Nacken wird noch mehr gestaucht, die Halswirbel stehen unter Druck und zusätzlich verkrampfen sich die Strukturen vorn am Hals.

Kopfhaltung:
Messung mit Köpfchen

Bei zentrierter Kopfposition ruht der Kopf wie eine Kugel auf einem Stab. Die Linie Ohr – Schulter – Wirbelsäule verläuft senkrecht. Überprüfen Sie nun die Kopfhaltung: Dabei wird die waagerechte Linie beurteilt. Beachten Sie den Verlauf der Verbindungslinie zwischen Auge und Ohr, die Linea infraorbitalis. Sie soll möglichst waagerecht verlaufen. Knickt der Kopf nach hinten, steigt die Linie nach vorn leicht an, die Halsmuskulatur ist verspannt, die Nackenmuskulatur verkürzt.

Beurteilung

Lassen Sie von einem Partner Ihre persönliche Haltung analysieren: Setzen Sie sich gerade hin, richten Sie sich in Ihrer gewohnten Position auf. Ihr Partner beobachtet Ihre Körperposition in der Senkrechten. Ein Stab, ein Lineal oder Ähnliches kann zur präziseren Beurteilung an die Linie Scheitel – Ohr – Schulter – Hüfte gehalten werden. Verläuft die Linie senkrecht? Oder gibt es Abweichungen, weil der Kopf nach vorn oder – was seltener der Fall ist – nach hinten verlagert ist? Verfahren Sie genauso mit der Beurteilung der waagerechten Linie, der Kopfhaltung: Mit dem Stab können Sie die Linea infraorbitalis, die Ohr-Augenlinie verlängern und recht präzise bestimmen, ob die Linie waagerecht verläuft oder nach unten oder oben abweicht.

Aufschluss gibt auch der Winkel zwischen der senkrechten Halslinie und der waagerechten Kinnlinie: Idealerweise bilden Hals- und Kinnlinie einen 90-Grad-Winkel.

Diagnose

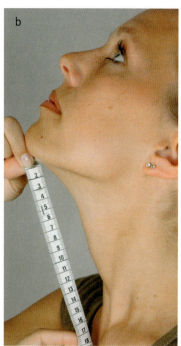

Beweglichkeit:
a) Messposition. Gemessen wird die Distanz zwischen Kinn und Brustbein, ohne Druck, mit aufgerichteter Länge im Nacken. Idealerweise ist die Distanz Null; einige Zentimeter sind immer noch gut.
b) Maximale Distanz zwischen Brustbein und Kinn, ohne die Nackenwirbelsäule zu stauchen.

Beweglichkeit

Beweglichkeit:
Vorsichtig ausprobieren

Die Beweglichkeit der Halswirbelsäule ist von entscheidender Bedeutung für die Platzierung und Bewegung des Kopfes. Probieren Sie sanft aus, gefragt sind Neugierde statt Ehrgeiz, Sensibilität statt Druck. Respektieren Sie Ihre Beweglichkeitsgrenze bei beiden Messungen!

Start
Sie sitzen mit dem Rücken zur Wand auf einem Stuhl. Bringen Sie den Kopf wie vorher beschrieben genau über den Körper, wie eine Kugel auf einem Stab. Wachsen Sie mit dem Scheitel kerzengerade gen Himmel: Sie erreichen Ihre maximale Aufrichtung und spüren im Nacken die Dehnspannung. Jetzt den Kopf einrollen, Kinn zur Brust führen. Konzentrieren Sie sich während dieser Bewegung darauf, dass Sie „in die Länge beugen" und die Nackenwirbelsäule nicht forcieren oder drücken. Nun bewegen Sie Ihr Gesicht ganz nach vorn unten gegen die Brust, mit lang gestrecktem Nacken, so weit es ohne Druck geht.

Messung
Abstand Kinn – Brustbein: Idealerweise beträgt diese Distanz Null.

Start
Dasselbe nach hinten. Ohne Ehrgeiz und Druck den Blick nach oben, den Kopf nach hinten führen. Behalten Sie den Nacken lang.

Messung
15–20 Zentimeter sind normal. Der individuelle Körperbau lässt große Unterschiede in der Streckung zu. Lassen Sie Ihr Gefühl entscheiden: Können Sie die Decke oder den Himmel genau im Zenit über Ihnen betrachten, ohne die Halswirbelsäule zu knicken oder die Augen übermäßig zu verdrehen?

Aufrichtung

Probleme

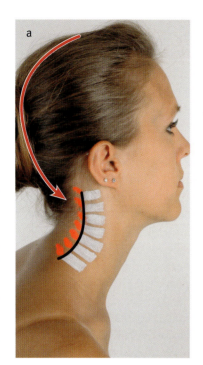 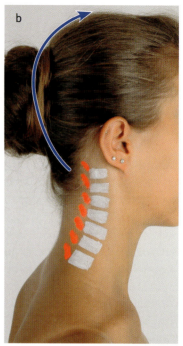

Hohlnacken:
a) Durch den vorgeschobenen Kopf knickt der Nacken ein. Einseitige Belastung von Muskeln, Gelenken und Bandscheiben in der Halswirbelsäule sind häufig für Kopfschmerzen verantwortlich. b) Der aufrechte, geöffnete Nacken schafft Platz für freie Zirkulation.

Verspannungen:
Muskeln unter Dauerstress

Der Mensch ist zum Aufrechtgehen geboren. Beobachten Sie Babys, wenn sie im Alter von sechs Monaten sitzen können. Sie schaffen das, trotz ihres überdimensional großen und schweren Kopfes. Ihr Trick: Perfekte Zentrierung des Kopfes über dem Körper. Achten Sie auf einen solchen Babynacken – hoch aufgespannt schafft er die Balance. Bis das Baby etwas greifen will, aus dem Gleichgewicht gerät und umfällt. Ähnlich geht es erwachsenen Menschen – nur fällt man nicht mehr um, sondern verspannt: Der Kopf ist nicht mehr im Zentrum, sondern meist nach vorn verlagert. Muskeln werden vorn überdehnt, im Nacken stehen sie unter Dauerspannung, um den nach vorn geschobenen Kopf zu halten. Dieser Dauerstress führt zu Muskelverspannungen: Die Ursache vieler Beschwerden, allen voran die klassischen Spannungskopfschmerzen. Durch die verschobene Statik werden auch Luft-, Blut- und Nervenversorgung mittelfristig geknickt und havariert: Seh- und Hörstörungen, Tinnitus und Schnarchen bis hin zu nächtlichem Atemstillstand gehören zu Symptomen muskulärer Disbalance im Nacken. Das Gute daran: Viel kann durch gezieltes Know-how und Veränderung von Alltagsgewohnheiten verbessert werden.

Aufrichtung

Probleme

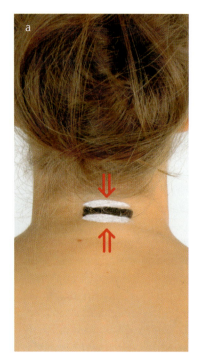
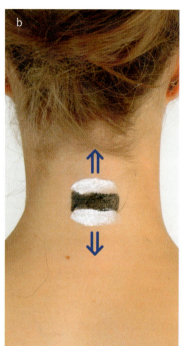

Knautschzone:
a) Knickt der Nacken, geraten auch die kleinen Bandscheiben unter Druck. Bandscheibenvorfälle in der Halswirbelsäule gehören zur übelsten ihrer Sorte. b) Bewusstes Aufrichten schafft Platz.

Abnutzung:
Harte Zeiten für kleine Knorpel

Struktur und Funktion müssen Hand in Hand gehen. Denken Sie an ein Radio: Sind die Batterien leer, gibt es keine Musik mehr, auch wenn das Gerät sonst noch in Ordnung ist. Fällt das Radio aus dem dritten Stock auf den Parkplatz, sind die Batterien womöglich noch in Ordnung, aber die Strukturen sind hin: Wieder keine Musik! Genau so funktioniert es in der Biomechanik: Je besser die Funktion, desto schonender wird es für die Strukturen. Eine Bewegung aus guter Haltung führen, ist sinnvoll und effizient, vor allem im Nacken. Der aufgerichtete, unbelastete Nacken lässt freie, lockere und präzise Bewegung zu. Ist der Nacken gestaucht, sind die Muskeln automatisch verspannt – die typische Staulage. Der Nacken ist in Leichtbauweise konstruiert. Gestaucht und überlastet wird es nicht nur ungemütlich, sondern gefährlich für die feinen Strukturen: Fehlbewegung führt unter Druck zu vermehrter Abnutzung. Die Folgen sind Arthrose der kleinen Wirbelgelenke und Bandscheibenprobleme, Kompression der Nervenwurzeln, Taubheit und Kraftlosigkeit in Armen, Händen und Fingern. Die Verkettung der ungünstigen Entwicklung wird langfristig kritisch: Die Arthrose wuchert, der Rückenmarkkanal wird eingeengt, es kann zur Kompression des Rückenmarks kommen. In solch fortgeschrittenen Fällen ist eine Operation unumgänglich.

Aufrichtung

Übungen

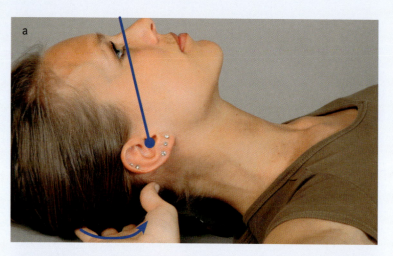

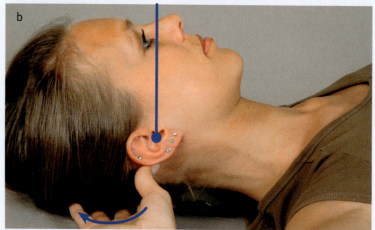

Nackenöffner:
a) Aus der Hohlnackenposition durch Einatmen zur Nackenstreckung (b). Die Drehachse läuft durch den Kopf von Ohr zu Ohr, die Blickachse steht jetzt senkrecht.

Nackenöffner:
Die große Befreiungsaktion

Ziel
Entspannung der tiefen Nackenmuskulatur, Wahrnehmung der Kopfgelenksöffnung zwischen Atlas und Schädelbasis.

Start
Rückenlage auf einer Matte, Beine angewinkelt und aufgestellt. Hohler, verkürzter Nacken, das Kinn etwas gegen die Decke gestreckt: Spüren Sie die Anspannung und Verkürzung der tiefen Nackenmuskeln.

Ausführung
Ab jetzt wird's besser: Entspannen Sie den Nacken, lassen Sie die Muskulatur bewusst und langsam los. Das Kinn sinkt nach unten, der Kopf dreht sich in einer leichten Nickbewegung. Nehmen Sie die Drehachse bewusst wahr: Sie verläuft von einem Ohr zum anderen, durch den Kopf, vom „Ost- zum Westpol" sozusagen. Nun wissen Sie, wo und worum es sich dreht. Die Atmung hilft Ihnen bei der Ausführung. Beim Einatmen gleitet das Kinn nach unten, der Nacken verlängert sich und sinkt zu Boden, beim Ausatmen gehen Sie in die normale Position zurück, ohne zu forcieren. Wiederholen Sie die Übung und genießen Sie die sanfte Schaukelbewegung des Kopfes im Rhythmus Ihres Atems.

Übungen

Aufrichtung

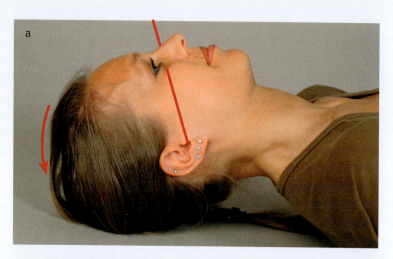

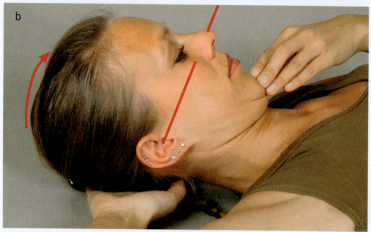

Vermeiden:
Ausgangs- und Zielposition nicht übertreiben: Weder Kopf in den Nacken kippen (a) noch Kinn gegen die Brust drücken (b).

Nackenöffner

Kontrolle
„Verfolgen" Sie Ihren Atem und geben Sie ihm bildhafte Richtung: Während des Einatmens strömt die Luft durch Nase und Rachen hinunter in den Brustkorb, bis tief in die Flanken. Stellen Sie sich jetzt vor, die Luft würde weiter fließen, die Wirbelsäule entlang –ein Teil nach oben, entlang des Nackens über den Hinterkopf bis zum Scheitel, der andere Teil weiter nach unten, die Lendenwirbelsäule entlang bis hinunter zum Steißbein. So wird die Wirbelsäule bei jedem Einatmen zwischen Scheitel und Steiß aufgespannt. Dadurch vermitteln Sie der gesamten Wirbelsäule Länge und Platz. Lösen Sie während des Ausatmens die Spannung, ohne Nacken und Kreuz willentlich zu verkürzen. Nicht mit dem Kopf wegkippen, das Kinn nicht gegen die Brust drücken, besser mit viel Freiraum, als hätte ein Tennisball zwischen Kinn und Brustbein Platz. Die neutrale Position ist die Ausgangsposition für Einatmen und Nackenöffnen. Bei zu großer Anstrengung oder wenn der Kopf wegkippt wie in Bild a, legen Sie am besten ein Frotteetuch als flaches Kissen unter. Legen Sie es so unter, dass das Gesicht möglichst parallel zum Boden liegt.

Dosierung
2–5 Minuten täglich im Wohlfühlbereich.

Variante
Gleiche Übung mit einem kleinen, halb gefüllten Luftball als Kissen unter dem Kopf. Besonders angenehm und entspannend, wenn der Nacken sehr verspannt ist.

Blitzübung
Die Übung kann auch im Sitzen gemacht werden, am Arbeitsplatz, bei Stress oder drohenden Spannungskopfschmerzen. Die Nackenstütze im Auto hilft die Bewegung zu führen. Der Hinterkopf gleitet nach hinten oben. Einfach königlich, diese Haltung!

Übungen

Aufrichtung

Dehnspannen:

a) Ausgangsposition im Vierfüßlerstand mit Stab, die Wirbelsäule ist locker geschwungen, der Nacken ist kurz.

b) Zielposition: Die Wirbelsäule schmiegt sich dem Stab auf ganzer Länge an; der Nacken öffnet und verlängert sich.

Nackenkräftiger:
Zerfließen Sie zu voller Länge

Ziel
Kräftigung der tiefen Halsmuskulatur bei verlängerter Wirbelsäule.

Start
Nichts gegen die Schildkröten. Der Mensch kann viel von ihnen lernen. Aber nicht die Haltung. Das Schildkrötenbild ist hilfreich: Auf einer Matte gehen Sie in den Vierfüßlerstand, legen Sie einen Stab (Besenstiel oder Ähnliches) längs auf die Wirbelsäule als Führungshilfe. Am besten geht es wieder mit einem helfenden Partner.

Ausführung
Erspüren Sie die Berührungspunkte zwischen Ihrer Wirbelsäule und dem Stab. Versuchen Sie nun durch leichtes Einrollen des Kopfes mit einer Bewegung des Kinns Richtung Brustbein den Nacken an den Stab „anzuschmiegen", wie eine Katze, aber ohne Buckel! Die Halswirbelsäule verlängert sich, die tiefe Halsmuskulatur wird aktiviert. Aus einem „Schildkröten-Hals" ist ein knickfreier, offener Nacken geworden. Auch das Becken wird bei der Übung mit einbezogen, durch Einrollen wird der untere Rücken verlängert, Beckenboden und Bauchmuskulatur sind aktiv. Der Bauchnabel steigt leicht in Richtung Stab, das Kreuz schmiegt sich an den Stab, genau wie der Nacken. Genießen Sie diese Dehnspannung. Finden Sie Ihren Rhythmus: Wirbelsäule während des Einatmens am Stab entlang aktiv verlängern, dann wieder loslassen, entspannen und ausatmen. Die Wirbelsäule gewinnt ihre natürliche Schwingungsfähigkeit zurück.

Übungen

Aufrichtung

Platzmangel
Beide Fehler bitte vermeiden!
a) Das Kinn presst stauchend Richtung Brust. b) Der Nacken bleibt geknickt. Druck mit dem Kopf gegen die Stange anstatt Verlängerung mit der Stange.

Nackenkräftiger

Kontrolle
Schmiegen, nicht drücken! Zu starkes Kinnpressen drückt unangenehm auf Luft- und Speiseröhre, ohne wirklich Platz zu schaffen. Suchen Sie das Wohlgefühl der Länge, indem Sie sich die Wirbelsäule als elastisches Band vorstellen, das am Stab entlang dehnt, mit möglichst viel sanfter Kontaktfläche, aber ohne Druck.

Dosierung
20–30 Wiederholungen täglich. Je mehr, desto besser!

Variante
Im Sitzen oder Stehen ohne Stab, eventuell mit dem Rücken gegen einen Türpfosten oder eine Wand. Der Rücken schmiegt sich mit verlängernder Dehnspannung der Wand an. Der Hinterkopf steigt etwas nach oben, das Kreuz etwas nach unten, die Wirbelsäule sucht den vollen Kontakt zum Türpfosten.

Blitzübung
Jede sitzende Tätigkeit ist ein ideales Übungsfeld: Bevor Sie das Telefon ergreifen, beim Essen, beim Händeschütteln oder beim Autofahren.

Übungen

Ausbalanciert:
a) Ausgangsposition. Finden Sie Ihr Zentrum, indem Sie die Schwerkraft als „Leitplanke" zur Aufrichtung nutzen. b) Steigerungsform in der Bewegung. Lang gezogen und trotzdem locker elastisch.

Wasserträgerin:
Die Schwerkraft nutzen

Ziel
Den offenen, aufgerichteten Nacken überall mit hinnehmen: Beim Stehen, Gehen, Laufen, Springen, Autofahren. Innere Aufrichtung ohne Anstrengung, locker und stark.

Start
Stehen Sie aufrecht, formen Sie aus einem Hand- oder Geschirrtuch einen Ring, setzen Sie ihn wie eine Krone auf den Kopf und legen Sie ein Buch darauf. (Mit dem Wasserkrug warten Sie bis zum Sommer oder bis Sie Ihrer Kunstfertigkeit ganz sicher sind!)

Ausführung
Richten Sie stehend Kopf und Becken mit der Dehnspannung der vorangegangenen Übung Nackenkräftiger auf. Spüren Sie die Verlängerung im Nacken und in der Lendenwirbelsäule. Stellen Sie sich bildhaft vor: Ihr Scheitel wächst förmlich in den Himmel, Ihr Steißbein verankert sich in der Erde. Versuchen Sie nun mit dieser Vorstellung mit dem Buch auf dem Kopf ein paar Schritte zu gehen. Bleiben Sie dabei in Brustkorb und Brustwirbelsäule locker und geschmeidig, Ihr Nacken ist lang geschwungen. Ihr Atem fließt ruhig. Legen Sie Ihren ganzen Stolz in diese Übung!

Übungen

Aufrichtung

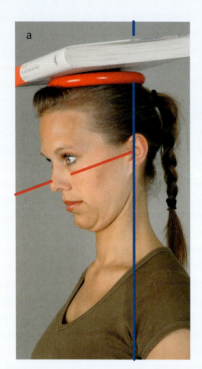
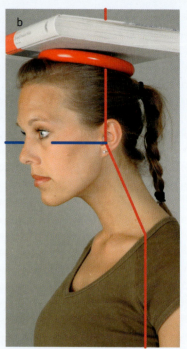

Vermeiden:
a) Das Kinn wird gegen die Brust gedrückt, was starr und steif wirkt, als hätte die Wasser- beziehungsweise Buchträgerin einen Stock verschluckt. b) Ganz verkehrt trotz gerade nach vorn gerichtetem Blick: Der Kopf ist schildkrötenartig vorgeschoben.

Wasserträgerin

Kontrolle

Ja, man kann gut kritisieren, wenn man selbst kein Buch auf dem Kopf hat! Versuchen Sie trotzdem möglichst locker zu bleiben. Bleiben Sie in der Aufrichtung elastisch, sonst wirkt Ihr Gang steif, starr und verkrampft, als hätten Sie einen Besen verschluckt. Atmen Sie ruhig und gleichmäßig. Wenn die Sache instabil wird, bleiben Sie stehen und balancieren Sie sich aus. Nicht zu viel Ehrgeiz: Ihr Nacken ist wichtiger als das Buch. Schieben Sie nicht den Kopf vor, um das Gleichgewicht zu halten. Die Hände dürfen ab und zu nachhelfen. Wichtig ist, dass Sie die volle Länge, Ihre perfekte Dehnspannung aufrechterhalten können.

Dosierung

3–5 Minuten täglich.

Blitzübung

Zu Fuß unterwegs? Stellen Sie sich während der ersten paar Schritte die afrikanischen Wasserträgerinnen vor! Beim Einkaufen, Betreten des Restaurants usw. Sie gewinnen so an Charisma und Ausstrahlung.

Wendig:
Die Halswirbelsäule ist geschaffen zum Drehen und Wenden in alle Richtungen. Das „Gewusst-Wie" ist entscheidend.

Drehung: Umsichtig durchs Leben

Drehen in alle Richtungen! Das kann die Halswirbelsäule: Die rasche und große Drehbeweglichkeit des Kopfes ist eine evolutionsgeschichtliche Errungenschaft. Sich rasch den Überblick verschaffen, die Übersicht behalten und blitzschnell auf äußere Signale reagieren können, ohne einen Fluchtreflex auszulösen. Ein Tier auf der Flucht schaut sich selten um. Das ist dem Menschen eigen. Möglich wird dies durch den aufrechten Gang, die ausgeprägte Hirnentwicklung und die flexibel-stabile Leichtbauweise der Nackenwirbelsäule. Sie ist gleichzeitig der Knackpunkt: Falsch oder nachlässig eingesetzt, ist die subtile Konstruktion anfällig für Verletzungen, Verspannungen und ganze Rattenschwänze von unerfreulichen Symptomen. Der vergleichsweise schwere Kopf muss als Steuerzentrale optimal getragen werden. Wichtig ist das perfekte Zusammenspiel zwischen dem großen SCM-Muskel und der tiefen Hals- und Nackenmuskulatur. Die Aufrichtung wurde im ersten Buchteil beleuchtet. Der zweite Teil zeigt Ihnen Schritt für Schritt, wie Sie Ihre Halswirbelsäule kräftigen und mobilisieren können. Wer die Geheimnisse der axialen Drehbewegung lüftet, kann bei vielen Nackenproblemen kleine und zuweilen auch größere Wunder bewirken!

Anatomie

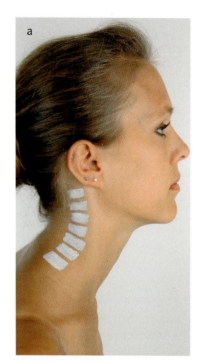
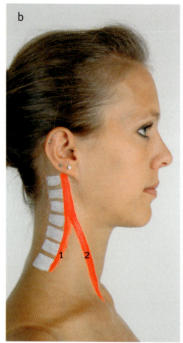

Kopfnicker:
Tiefe Halsmuskulatur (1) und SCM-Muskel (2) sind Team-Player für sichere Drehungen. Entscheidend ist der Gebrauch: a) Der Knick im Genick ist problematisch. b) Aufrichtung mit Köpfchen und Muskeln.

Kopfnicker und Nackenknicker

Kopfnicker:
Weg vom Drehen auf Biegen und Brechen!

Der Kopf ist Kontroll- und Kommunikationszentrum. Ob Sprache oder Körpersprache, der Ausdruck ist die halbe Miete. Beim Jasagen gibt es zwei Varianten. Der Kopf kippt vor und zurück: Das Ja wirkt nicht sehr überzeugend und eher wacklig. Die Kontrolle in der Bewegung führt intelligenterweise nicht über Los- und Kippenlassen, sondern vielmehr über eine exakt gesteuerte Nickbewegung. Entscheidender Muskel für all diese Aufgaben sind der SCM-Muskel (Sternocleidomastoideus) und die tiefe Halsmuskulatur.

Nackenknicker:
Nicken statt Knicken.

SCM-Muskeln vorn und tiefe Halsmuskeln hinten sind für die Nickbewegung verantwortlich. Sie steuern und dosieren, stabilisieren und führen. Das können sie nur, wenn sie zusammenarbeiten: Die tiefen Halsmuskeln stabilisieren die Halswirbelsäule, die SCM-Muskeln bewegen den Kopf. Aufrichtung ist Voraussetzung, schafft Platz, Bewegungsfreiheit und Stabilität. Das Timing ist entscheidend: Zuerst stabilisieren die tiefen Halsmuskeln die Halswirbelsäule, danach ziehen die SCM-Muskeln den Kopf nach vorn in die Nickbewegung. Fehlt die Nackenöffnung, weil die tiefe Hals- und Nackenmuskulatur zu wenig arbeitet, kommt es zur Kompression der feinen Gelenke. Nicken auf Biegen und Brechen ist Gift für die feingliedrige Konstruktion! Hier muss der SCM-Muskel zu gutem Benehmen erzogen werden: Vortritt haben die Kleinen, er folgt danach mit wohl dosiertem Einsatz.

Anatomie

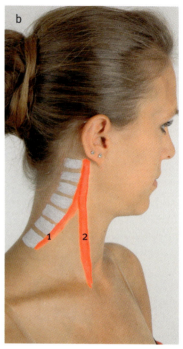

Kopfwendung:
Zuerst öffnen, dann drehen: a) Platzmangel beim Drehen infolge fehlender Öffnung scheuert an den feinen Strukturen. b) Platz für leichte, geschmeidige, koordinierte Bewegung. Zuerst arbeiten die tiefen Halsmuskeln (1), danach der SCM-Muskel (2).

Kopfwender und Nackenverdreher

Kopfwender:
Nie mehr bescheuert!

Einseitig aktiviert dreht der SCM-Muskel den Kopf zur Gegenseite. Der linke nach rechts, der rechte nach links. Diese Muskeln können also nicht nur ja, sondern auch nein sagen. Auch beim Kopfdrehen muss zuerst der Nacken geöffnet, Platz geschafft werden, um die perfekte Ausgangslage für die reibungslose Kopfdrehung zu ermöglichen. Auf der stabilisierten Wirbelsäule dreht der Kopf leicht und wendig. Fehlt die Aufrichtung, geht das Scheuern los. Völlig sinnlos. Lüften wir noch das Geheimnis der Namensgebung des unaussprechlichen SCM-Muskels: Sternocleidomastoideus. Vom Sternum (Brustbein) über das Cleid (Schlüsselbein) zum Mastoid (Schädelbasisknochen gleich hinter dem Ohr). Das Ganze klingt kompliziert, ist aber ganz logisch und funktioniert perfekt! Gut erzogen nimmt SCM ritterlich Rücksicht auf seine wichtigen kleinen Partner, die tiefen Hals- und Nackenmuskeln.

Nackenverdreher:
Spitzen Sie die Ohren!

Nun wissen Sie, worum es geht: Der richtige Zeitpunkt, um sich vom „Nackenknicker" zu verabschieden: Drehen Sie den Kopf nie mehr mit gequetschten Gelenken, sondern über die klare Achse der aufgerichteten Halswirbelsäule. Die Drehbewegung beginnt immer mit der Aufrichtung. Die Ohren nach oben „spitzen" ist Schritt Nummer eins für neue, intelligente Drehbewegung: Drehung nach links – das linke Ohr steigt etwas an. Drehung nach rechts – das rechte Ohr steigt etwas an.

Drehung

Diagnose

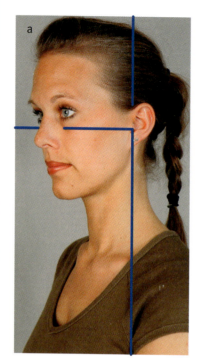

3-Punkte-Programm:
Von der neutralen Position (a) zur maximalen Wendung. (b) Zentrierte Kopfhaltung, offener Nacken und gleichmäßige Drehung bis in die Brustwirbelsäule sind die drei goldenen Regeln zum attraktiven Ziel.

3D-Kopfwende:
Bleiben Sie auf Achse

Beobachten Sie vor dem Spiegel Ihre Angewohnheiten bei der Kopfwende. Versuchen Sie bei folgenden drei Kriterien die erwünschte und die unerwünschte Bewegung nachzuvollziehen. Das schafft das nötige Bewusstsein für die richtige Wendebewegung.

Aktion

Drei Punkte gilt es zu beachten.
Erstens: Stellen Sie sich den Kopf als Kugel vor, die Wirbelsäule als elastischen Stab. Richtig ausbalanciert hält sich die Kugel schier schwerelos auf dem Stab. Um diese Achse dreht sich alles. Da gibt's keinen Knick. Für den Kopf bedeutet das: Er bleibt stets ausgerichtet über dem Brustkorb. Ungünstig wäre ein Nach-vorn- oder Nach-hinten-Wegschieben während der Drehung.

Zweitens: Der Nacken bleibt offen und lang. Ungünstig ist ein Knick oder eine Überstreckung der Halswirbelsäule. Ein Zeichen, dass die tiefe Hals- und Nackenmuskulatur zu viel oder zu wenig arbeitet.

Drittens: Die Distanz beider Ohren zur jeweiligen Schulter bleibt in der Drehung möglichst groß. Ungünstig ist ein seitliches Einknicken während der Drehung. Ohrenspitzen ist angesagt.

Schaffen Sie einen dieser drei Punkte korrekt, ist das noch nicht ganz rosig. Zwei Punkte: Sie sind auf bestem Weg! Drei Punkte: Gratulation – aber schaffen Sie auch noch den Zusatzpunkt: Dehnen Sie beim Öffnen des Nackens nicht nur die Halswirbelsäule in die Länge, lassen Sie die ganze Wirbelsäule mitarbeiten. Diese automatisierte Verlängerung in der Drehbewegung ist etwas für Könner und Bewegungsspezialisten, die Spaß haben an Bewegungsqualität!

Drehung

Diagnose

Resonanzraum:
Das Stimmexperiment macht die Befindlichkeit des Kehlkopfs sicht-, hör- und fühlbar: Aufrichtung öffnet die Resonanzräume, Schieflage unterbricht den Luftstrom und beengt Kehlkopf und Stimmbänder.

Stimmqualität:
Gute Haltung klingt auch toll

Kopfhaltung und Stimmqualität hängen eng miteinander zusammen. Stellen Sie sich Pavarotti mit einem geknickten Schwanenhals vor: Unmöglich! Gesangsprofis haben fast immer eine gute Kopfhaltung: Diese schafft Platz für den Kehlkopf, ermöglicht einen gleichmäßigen Luftstrom und vermeidet unnötige Verengungen in der Luftröhre. Profis nutzen die Resonanzräume vom Zwerchfell bis zum Scheitel und bleiben dabei möglichst aufgerichtet und locker zugleich, damit der Luftstrom und die Schallwellen ungestört fließen können. Für Nicht-Profis genügen knickfreie Haltung und bewusste Zwerchfellatmung, um die Stimme stabil zu halten. Die ungeknickte Luftröhre trägt den Klang der Stimme ohne Turbulenzen. Der Knick im Genick führt zur Unterbrechung in Luft- und Klangfluss. Die Stimmbänder – in einem Dreieck angeordnet wie die Saiten eines Flügels oder einer Harfe – brauchen Platz. Druckstellen durch Stauchungen der Wirbelsäule wirken sich sofort negativ aus: Sprechen wird unter diesen Umständen zur Belastung. Die Stimme klingt forciert, gedrückt oder gequetscht bis schrill.

Aktion

Hören Sie sich selbst zu: Sprechen Sie – in Versform, Prosa oder aus der Zeitung lesend, singen Sie einen einzelnen Ton oder ein ganzes Lied und verlagern Sie Ihren Kopf mal nach vorn, mal nach hinten und zentrieren Sie ihn: Lauschen und fühlen Sie die Auswirkungen auf Kehlkopf und Stimme. Variieren Sie die Kopfhaltung: mal in den Nacken gezogen, mal das Kinn gegen die Brust gepresst oder eben aufgerichtet.

Drehung

Probleme

Engpass:
Luftröhre (blau) und Kehlkopf (schwarz) sind auf freie Bahn angewiesen. a) Die gestauchten Halswirbel führen zu Behinderungen des Luftstroms, der Kehlkopf kann nicht frei schwingen. b) Freie Bahn für die gesamte Zirkulation und optimale Funktion.

Stimmprobleme:
Stummheit bei Tag, Schnarchen bei Nacht

Zusammen mit ungünstiger Kopfhaltung führt falsche Atemtechnik zu Problemen mit den Stimmbändern. Kein Wunder: Vergleichen wir die Luftröhre mit dem Schnorchel eines Tauchers. Knicken wir den Schnorchel oben ab, bekommt der Taucher unten Atemnot. Der Knick in der Halswirbelsäule bewirkt zudem eine Veränderung der ganzen Statik: Bestimmte Strukturen werden überdehnt, andere verkürzt: Die Verkürzungen führen zu Heiserkeit und Räuspern. Unter Stress kann dies bis zur „Sprachlosigkeit" führen – ein bekanntes Phänomen bei Sprechberufen wie beispielsweise Lehrpersonen. Ein weiteres, nur vordergründig harmloses Problem ist Schnarchen: Es raubt nicht nur dem Partner den erholsamen Schlaf. Auch der Schnarcher selbst kommt nicht zur Ruhe. Der Gaumen flattert wie ein schlaffes Segel im Wind. Ein gestauchter Nacken beeinträchtigt die Luftzufuhr und die subtilen Luftströme wie im oben genannten Beispiel mit dem Taucher. Die Luftröhre kollabiert, die Atmung blockiert. Es kommt zur Schlaf-Apnoe, den unheilvollen nächtlichen Atemaussetzern, die eine Minute und länger dauern können. Die gesundheitlichen Störungen sind gravierend, oft unerkannt und können bis zur Arbeitsunfähigkeit oder zum gefürchteten Sekundenschlaf am Steuer führen. Neben erblicher Veranlagung liegen die Ursachen oft in einer gestauchten Kopfhaltung mit Rundrücken.

Drehung

Probleme

Schleudertrauma:
Steuerzentrum in Schieflage: Geraten die sensiblen Nackenstrukturen durch ein Trauma aus dem Lot und durch Fehlhaltung zusätzlich unter Druck, kommt es zu Übertragungsstörungen: Ohrensausen (Tinnitus), Schwindel, Schmerzen, Gedächtnisproblemen etc. Oft sind die Verletzungen nicht nachweisbar.

Schleudertrauma: Das unsichtbare Chaos

Das Schleudertrauma gehört zu den fatalsten Unfallfolgen – meist verursacht durch das peitschende Zurückschnellen des Kopfes, typischerweise bei einem Auffahrunfall. Auf dem Röntgenbild sind oft keine Verletzungen zu sehen: Sie sind aber da, im Mikrobereich. Die Symptome können Schmerzen, Schwindel, Sehstörungen und Depressionen sein und bis zur Invalidität führen. Vergleichbar mit einer Computerfestplatte, die auf den Boden knallt: Sie sieht völlig heil aus, nichts gebrochen, nichts zerbeult. Aber sie funktioniert nicht mehr oder nicht mehr richtig. Schleudertrauma-Patienten leiden oft unter Konzentrationsschwierigkeiten, Gedächtnisstörungen und Müdigkeit. Allzu oft werden sie in die Ecke der Simulanten oder Psychosomatiker gestellt. Schleudertraumata haben eine lange Erholungszeit. Nach der medizinischen Erstversorgung ist es wichtig, die Integration in Alltag und Berufsleben zu erarbeiten: Dies gelingt in vielen Fällen über gezielte Positionierung des Kopfes, der Halswirbelsäule und sanfter Schulung der Muskel-, Sehnen- und Bänderfunktion. Bewegung muss analysiert und neu erlernt werden. Dreidimensional therapieren und trainieren mit dem Grundverständnis für Aufgabe und Funktion eines gesunden Nackens sind Grundlagen für die Behandlung von Schleudertrauma.

Drehung

Übungen

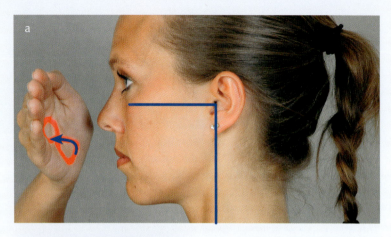

Lospaddeln:
Die volle Beweglichkeit in einem Fluss: a) Die liegende Acht in der Handfläche hilft, die Bewegung präzise zu führen. b) Die Nasenspitze führt die Bewegung dank der gewölbten Handinnenfläche dreidimensional in allen Ebenen.

Kopfachter:
Gewinnen Sie die volle Mobilität

Ziel
Die Achterbewegung des Kopfes mobilisiert die Kopfgelenke auf allen Ebenen und in alle Richtungen. Sie werden geschmeidig und fördern das Bewusstsein freier, fließender Bewegung. Die Übung lockert die tiefe Nackenmuskulatur und fördert die Konzentrationsfähigkeit.

Start
Zeichnen Sie eine liegende Acht in Ihre Handfläche. Richtig mit Farbstift, nur mit den Fingerspitzen oder in Gedanken. Setzen Sie sich auf einen Hocker, aufgerichtet und gerade, mit offenem, also nicht gestauchtem Nacken. Die gewölbte Handfläche vor dem Gesicht, die Nasenspitze auf den Mittelpunkt der Acht gerichtet.

Aktion
Verlängern Sie Ihren Nacken zuerst nach hinten oben, die Nasenspitze senkt sich dabei ein paar Millimeter, der Impuls hierfür kommt aus der tiefen Halsmuskulatur. Stellen Sie sich jetzt in Ihrem Handgewölbe die liegende Acht vor und fahren Sie dieser mit der Nasenspitze nach: Beginnen Sie mit einer Schlaufe nach links unten, dazu dreht der Kopf leicht zur linken Seite, ohne dabei nach links einzuknicken. Die hinteren Nackenmuskeln bleiben lang und locker. Nun das Gleiche zur anderen Seite, also Schlaufe nach rechts unten. Im Bewegungsfluss entsteht so in den Kopfgelenken eine harmonische, vorwärts laufende Achterbewegung.

Variation
Gleiche Übung in Rückenlage mit einem leicht gefüllten Gymnastikball als Kopfkissen; in dieser Position können sich die Nackenmuskeln optimal entspannen.

Drehung

Übungen

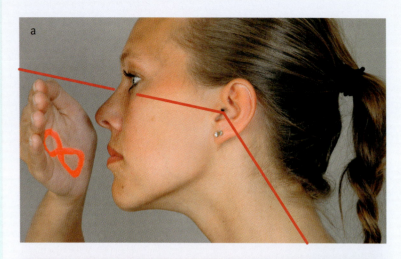

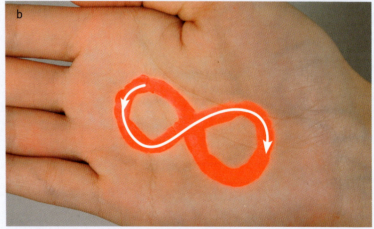

Vermeiden:
a) Fehlende Aufrichtung, vorverlagerter Kopf. b) Verkehrte Drehrichtung nach rechts oben: Beginnen Sie mit der Achterbewegung immer nach links unten. Die Schlaufen werden absteigend (weiße Pfeile) statt aufsteigend durchlaufen.

Kopfachter

Kontrolle

Wölben Sie die Hand, damit die Bewegung der Hand entlang dreidimensional geführt wird. Nicht wie Abzeichnen von der Wandtafel, eher wie von einer Satellitenschüssel. Bleiben Sie im Nacken lang und zentrieren Sie den Kopf über dem Rumpf, weder nach vorn gegen die Hand, noch nach hinten wegweichen. Finden Sie Symmetrie und Rhythmus: Die Bewegung soll wohltuend sein. Die Laufrichtung der Achterbewegung geht nach vorn: kompliziert? Klingt nur so. Folgendes Bild schafft Klarheit: Stellen Sie sich vor, Ihnen wachsen Paddel aus den Ohren, links und rechts. Nun paddeln Sie los wie ein Kajakfahrer: Mal links und mal rechts rudern, damit es vorwärts geht. Die Wasserlinie ist genau auf Nasenhöhe. Vorsicht: Paddeln Sie gemächlich und behalten Sie die Bewegung im Kopfgelenk. Der Rücken bleibt gerade aufgerichtet.

Dosierung

3–5 Minuten täglich.

Blitzübung

Ob mit der Nase geführt oder aus den Ohren gepaddelt, die Übung eignet sich für überall: Wenn Sie vor dem Rotlicht warten, beim Hochfahren des Computers, während die Kaffeemaschine läuft. Ob kaum sichtbar klein oder etwas größer: Gönnen Sie sich immer wieder diese Bewegungsfreiheit!

Übungen

Drehung

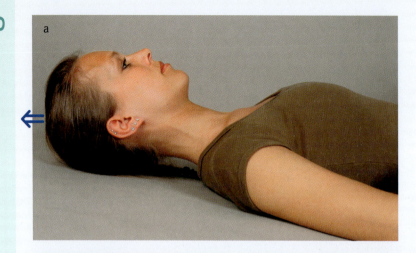

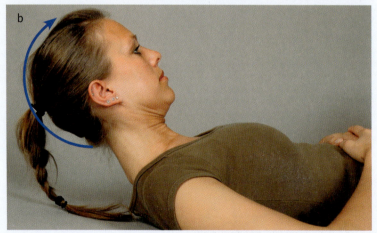

Dynamisch:
Auf dem Weg von (a) aktiver Verlängerung zur (b) Zielposition führen Sie die Einrollbewegung kraftvoll, bewusst und rund anstatt krampfhaft und ruckartig.

Halskräftiger:
Aktiv stützen statt krampfhaft halten

Ziel
Aktivierung und Kräftigung der tiefen Halsmuskulatur. Nehmen Sie die kraftvoll kontrollierte und koordinierte Bewegung bewusst wahr.

Start
Legen Sie sich in Rückenlage auf eine Matte, stellen Sie die Beine angewinkelt auf. Verlängern Sie Ihren unteren Rücken mit einer leichten Einrollbewegung des Beckens, bis das Kreuz gut auf der Matte aufliegt. Spannen Sie den Nacken etwas an – es entsteht ein leichter Hohlnacken, das Kinn gleitet etwas nach oben.

Aktion
Die Bewegung erfolgt in drei Etappen. Erstens: Öffnen Sie den Nacken, indem Sie ihn langsam entspannen und ihm die volle Länge geben, das Kinn sinkt dabei nach unten Richtung Boden, das obere Kopfgelenk öffnet sich. Zweitens: Verlängern Sie nun die Wirbelsäule aktiv, der Scheitel schiebt in die Verlängerung der Wirbelsäule. Drittens: Heben Sie den Kopf ein wenig von der Matte ab. Das Kinn bleibt dabei Richtung Brustbein orientiert, aber nicht angedrückt. Einige Zentimeter anheben genügen. Atmen Sie bewusst aus, während Sie den Kopf anheben. Langsam zurücksenken auf die Matte, leicht in den Hohlnacken gehen und mit dem Einatmen den Nacken wieder bewusst verlängern und öffnen. Spannen – lösen – verlängern – und mit dem Ausatmen hochkommen.

Übungen

Drehung

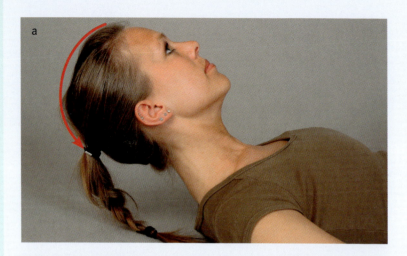

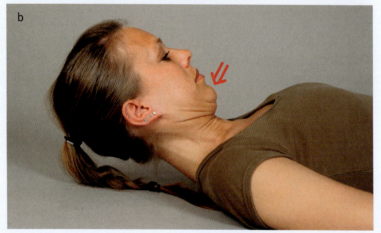

Doppelfehler:
Vermeiden Sie (a) den verkürzten Nacken durch fehlendes Kopf-Einrollen oder Kinn-Hochrecken. (b) Das verkrampfte Doppelkinn. Schaffen Sie Platz für Bewegungsfreiheit.

Halskräftiger

Kontrolle
Die Stellung des Kinns ist entscheidend. Suchen Sie die neutrale Position: Nicht vorschieben, sonst mutieren Sie zur Schildkröte! Aber auch nicht nach unten pressen – das Doppelkinn steht den wenigsten Menschen. Zudem gibt es einen unangenehmen Druck auf Kehlkopf und Luftröhre. Kontrollieren Sie den Atemfluss beim Anheben und Ausatmen. Genießen Sie dynamisch-kraftvolle Einroll- und Hebebewegung anstelle von krampfhaft-ruckartigem Hochklappen. Einatmen in der Ausgangsposition, Ausatmen beim Anheben. Finden Sie Ihren Rhythmus von Atmung und Bewegung.

Dosierung
Täglich 10–20 Wiederholungen.

Variante
Gleiche Übung kombiniert mit einer Kopfdrehung seitlich: Beim Hochheben des Kopfes drehen Sie ihn sanft nach links, wieder ablegen; nochmals hochheben, diesmal nach rechts drehen, wieder ablegen.

Blitzübung
Morgens beim Aufstehen: Quälen Sie sich nicht aus dem Bett, sondern erheben Sie sich, beginnend mit der dynamischen Dreh-Hebebewegung des Kopfes – und der Tag kann kommen.

Drehung

Übungen

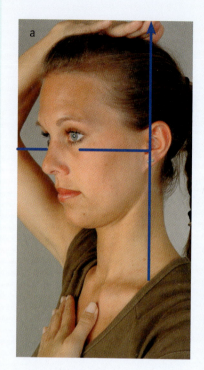
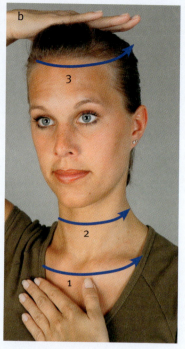

Kontrolliert:
Wachsen Sie mit der Schwerkraft nach oben. Die Drehung des Kopfes beginnt in der Brustwirbelsäule (1) auf der Höhe der Hand, die Halswirbelsäule (2) dreht leicht mit, der Kopf (3) dreht am Schluss.

Drehkerzensitz:
Der Schwerkraft ein Schnippchen schlagen

Ziel
Automatisieren der Kopfkoordination in Haltung und Drehung. Den Nutzen der Schwerkraft erkennen: Mit ihr aufrichten, nicht gegen sie hochstemmen.

Start
Aufrecht sitzen, ohne anzulehnen. Streichen Sie mit beiden Händen Ihren Nacken nach oben in die Länge. Legen Sie eine Hand auf den Kopf, Ihr Blick ist gerade nach vorn gerichtet. Geben Sie mit der Hand leichten Druck auf den Scheitel. Geben Sie mit der Wirbelsäule diesem Druck vorerst etwas nach, werden Sie ein bisschen kleiner.

Aktion
Nun geht's aufwärts: Verlängern Sie als Antwort auf den Druck von oben Ihren Nacken. Aktivieren Sie dazu die tiefen Halsmuskeln. Drehen Sie nun den Kopf abwechselnd mal nach rechts und links. Entscheidend: Die Drehung kommt nicht nur aus der Halswirbelsäule. Sie beginnt im Kopfgelenk, fließt in die Halswirbelsäule hinunter und findet dann vor allem in der Brustwirbelsäule statt. Sie drehen sich aus Ihrer und um Ihre Körperachse. Der Widerstand am Scheitel hilft Ihnen, Aufrichtung und Kopfkoordination beizubehalten. Erkennen Sie den Druck von oben als willkommene Orientierungshilfe, um ihr entgegenzuwachsen. So schlagen Sie der Schwerkraft ein Schnippchen und lernen sie nutzen.

Übungen

Drehung

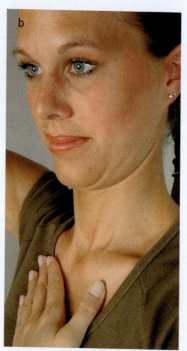

Verdreht:
a) Zu wenig Aufrichtung, Drehung in der Brustwirbelsäule fehlt.
b) Zu viel Spannung in den vorderen Halsmuskeln.

Drehkerzensitz

Kontrolle
Kein Wendehals! Die Drehung soll Kopf, Hals- und Brustwirbelsäule erfassen. Letztere darf betont werden. Der Nacken dreht leicht mit und bleibt dabei achsenstabil. Stellen Sie sich vor, Sie hätten einen Scheinwerfer mitten auf dem Brustbein. Leuchten Sie mit ihm nach links und rechts. So drehen Sie in der Brustwirbelsäule, das ist perfekt. Vermeiden Sie, die oberflächlichen Halsmuskeln zu sehr anzuspannen. Atmung und Sprechen leiden darunter. Die koordinierte Kopfposition und -haltung fühlt sich zentriert und entspannt an.

Dosierung
10-mal täglich auf beiden Seiten.

Blitzübung
Kerzensitz immer ein paar Sekunden, wenn Sie sich niederlassen: Im Büro, in der Straßenbahn, vor der roten Ampel. Möchten Sie nicht mit der Hand auf dem Kopf beobachtet werden, können Sie sich nach einiger Übungszeit den Druck von oben gedanklich vorstellen. Krönen Sie sich virtuell mit Gold und Edelsteinen und denken Sie an Queen Elizabeth II.

Variation
Legen Sie einen Stab quer auf Ihren Scheitel, drehen Sie den Kopf, ohne dass der Stab herunterfällt.

Besser aussehen –
so gelingt's einfach

FÜR EINE BESSERE KÖRPERHALTUNG

Claudia Larsen
Christian Larsen
Attraktiver aussehen durch richtige Körperhaltung
144 Seiten, 104 Fotos
€ 17,95 [D] / € 18,50 [A] /
CHF 33,00
ISBN 978-3-8304-3446-7

▶ Die richtige Körperhaltung ist die beste Basis für ein attraktives Äußeres

▶ Falsche Bewegungen und Haltungen durch richtige ersetzen

▶ Ideal auch als Prävention gegen funktionelle Beschwerden

CHF unverbindliche Preisempfehlung

Weitere Bücher zum Thema:
www.trias-gesundheit.de

TRIAS
wissen, was gut tut

In Ihrer Buchhandlung

Spiraldynamik®
Beweglich bleiben – ein Leben lang

Schluß mit Fehlbelastungen und Schmerzen: Wirkungsvolle Übungen für ein neues Körpergefühl

Christian Larsen
Gut zu Fuß ein Leben lang
€ 17,95 [D] / € 18,50 [A] / CHF 33,00
ISBN 978-3-8304-3418-4

Für starke Kinderfüße und aufrechten Gang: Übungen, die Kindern Spaß machen

Christian Larsen
Gesunde Füße für Ihr Kind
€ 14,95 [D] / € 15,40 [A] / CHF 27,50
ISBN 978-3-8304-3417-7

CHF unverbindliche Preisempfehlung

Weitere Bücher zum Thema:
www.trias-gesundheit.de

In Ihrer Buchhandlung

Impressum

Bibliografische Information der Deutschen Bibliothek
Die Deutsche Bibliothek verzeichnet diese Publikation in der Deutschen Nationalbibliografie; detaillierte bibliografische Daten sind im Internet über http://dnd.ddb.de abrufbar

Umschlaggestaltung und Layout:
CYCLUS · Visuelle Kommunikation,
70186 Stuttgart

Programmplanung und Redaktion:
Sibylle Duelli
Lektorat: Annerose Sieck

Bildnachweis:
Umschlagsfoto vorn und hinten,
Fotos innen S. 3, 6: Fridhelm Volk
Fotos innen: Claudia Larsen

Modell: Marina Prinz

© 2009 TRIAS Verlag in MVS
Medizinverlage Stuttgart GmbH & Co. KG
Oswald-Hesse-Straße 50
70469 Stuttgart
Printed in Germany

Gedruckt auf chlorfrei gebleichtem Papier

Satz: CYCLUS · Media Produktion,
70186 Stuttgart
Druck: AZ Druck und Datentechnik GmbH,
87437 Kempten

ISBN 978-3-8304-3492-4   2 3 4 5 6

Wichtiger Hinweis

Autoren, Produzenten und Verlag wünschen Ihnen bei der praktischen Umsetzung der Lerninhalte viel Erfolg. Die Verwendung, insbesondere die Anwendung der Übungen, geschieht auf eigene Verantwortung und ist nur für private Zwecke erlaubt. Spiraldynamik®, Autoren und Verlag haften nicht für Schäden, die in Zusammenhang mit der Anwendung der Übungen entstehen.

Jede Verwertung außerhalb der urheberrechtlichen Grenzen ist ohne Zustimmung des Verlags unzulässig und strafbar. Dies gilt insbesondere für illegale Vervielfältigung, Übersetzung und Einspeicherung in elektronische Systeme. Wir bitten Sie, die gesetzlichen Urheberrechte zu respektieren. Illegales Kopieren, auch Einzelkopien für Freunde, sind unfair.